Bienvenue dans le Monde Enchanté des Chatons !

Miaou, petit artiste !

Prêt à embarquer pour une aventure pleine de mignonnerie et de couleurs ? C'est ton Livre de Coloriage, un endroit où les chatons sont rois et reines ! Ici, tu trouveras :

- Chatons espiègles : Des chatons malicieux aux chats endormis !
- Cadres enchanteurs : Jardins fleuris, toits éclairés par la lune et coins douillets !
- Plaisir infini : Chaque page est une nouvelle opportunité de libérer ton imagination et de peindre avec toutes les couleurs de l'arc-en-ciel !

Il n'y a pas de règles ici - colorie à ta façon, invente des histoires et crée ton propre monde de chatons. Utilise toutes tes couleurs préférées, mélange-les comme bon te semble. Après tout, le meilleur art vient du cœur ! Et si tu as besoin d'un peu d'aide ou si tu veux montrer tes chefs-d'œuvre, demande à un adulte de se joindre à toi dans ce voyage enchanté. Ensemble, vous pouvez transformer ce livre en un trésor de souvenirs félins et de créativité.

Alors, prends tes crayons, marqueurs et peintures et prépare-toi à colorier ton monde avec la douceur des chatons !

Prêt à commencer ? Ouvre la première page et laisse la magie féline opérer !

Amuse-toi et beaucoup de couleurs à toi !

TESTEZ VOS COULEURS ICI